김용삼 신앙시집

이제 나는 없습니다

쿰란출판사

김용삼 신앙시집
이제 나는 없습니다

시인의 말

오래도록 나는
세상과 내가 마땅치 않았습니다

때로는 미워했고
때로는 토라져 말조차 섞지 않았고
때로는 다투었고 외면했으며
때로는 혁명과 개혁을 꿈꾸었습니다

그럴수록 만족함은 찾을 길 없고
괴로움이 깊어갈 뿐이었습니다

그러다 어느 하루
백발이 돼서야 안식을 얻었습니다

나의 소명은
세상과 나를 변화시키는 게 아니라
있는 그대로 바라보며
있는 그대로 받아들이는 것임을

모두 예수님 때문입니다
나의 생명 되신 예수님 덕분입니다

2025년 가을밤

김용삼

차례

시인의 말 _ 4

제1부

사랑, 배우지 말라 • 12 | 둘 없는 사랑 • 13
할아버지 하나님 • 14 | 새날 • 15 | 목사와 목샤 • 16
식당에서 • 17 | 기다림의 신앙 • 18 | 생명의 밥상 • 20
누가 사랑하는가 • 22 | 풀과 꿈 • 23
나의 생명이신 하나님 • 24 | 거울 사랑 • 25 | 한사랑 • 26
절대 기쁨 • 27 | 기도 없는 기도 • 28 | 나약한 우상 • 30
두 날개의 믿음 • 32 | 산다는 것 • 33 | 황금감옥 • 34
보물찾기 • 35 | 영원한 나 • 36

제2부

답 없는 믿음 • 38 | 자신을 사랑하라 • 39 | 말 • 40
사랑은 • 41 | 온전한 믿음 • 42 | 최고의 상급 • 43
그리스도인의 사랑 • 44 | 바른 믿음 • 45 | 진리의 말씀 • 46
하나님 나라 • 47 | 핸드폰 묵상 • 48 | 믿음의 사람 • 50
앵무새 • 51 | 유유상종 • 52 | 믿음의 대상 • 53
빈털터리 하나님 • 54 | 믿음과 믿음생활 • 56
헌신의 삶 • 57 | 나는 사랑입니다 • 58
문제 해결 비법 • 59 | 성지순례를 떠나는 그대에게 • 60

제3부

기쁨의 묘약 • 64 | 하나님의 음성을 듣는 법 • 65
칭의와 성화 • 66 | 십자가 • 67 | 믿음이 전부다 • 68
좋은 성도 • 69 | 시골 교회 우리 목사님 • 70
지혜의 신앙 • 72 | 나비넥타이 • 73 | 내 탓 • 74
생각돌 • 75 | 참된 행복 • 76 | 토끼뿔 • 77
위대한 계략 • 78 | 없다 • 80 | 렛잇비 • 81
성숙한 마음 • 82 | 진리 공부 • 83 | 거짓된 믿음 • 84
우상 • 85 | 회개 • 86

제4부

예수의 사람 • 88 | 생명 • 89 | 영의 사람 • 90
맘배낭 • 91 | 제물 • 92 | 영광의 그리스도인 • 93
한 사람 • 94 | 누가 십자가를 지려 하는가 • 95
용납하라 • 96 | 사랑하며 살아야 하는 이유 • 97
복습 • 98 | 깨어 있으라 • 99 | 괄호 신앙 • 100
좁은 문 • 101 | 당신은 누구인가 • 102 | 누림의 축복 • 103
응답의 기도 • 104 | 새사람의 기도 • 105
사랑은 능력입니다 • 106 | 질그릇의 은혜 • 107
예수 마음의 노래 • 108

제1부

사랑, 배우지 말라

참사랑은 배워서 하는 게 아니다
강아지가 배워서 멍멍 짖는 게 아니듯
사과나무가 배워서 사과 열매를 맺는 게 아니듯
참사랑은 배워서 하는 게 아니다

우리 사랑이 만약 배워서 하는 것이라면
그 사랑은 사랑 밖 억지 사랑이 아니겠는가
자식을 향한 어머니의 숭고한 사랑이
어찌 배워서 가능하다는 말인가

참사랑은 배워서 하는 게 아니다
이미 하나님의 사랑으로 태어난 자의 몫이며
이미 그 사랑 안에 거하는 자의 몫이다
참사랑은 배워서 하는 게 아니다

둘 없는 사랑

나는 주님을 사랑합니다,
라는 말에는 사랑은 없습니다

주님을 사랑할 내가 있다면
그 사랑은 진짜가 아닙니다

나는 형제를 사랑합니다,
라는 말에는 사랑은 없습니다

형제를 사랑할 내가 있다면
그 사랑은 진짜가 아닙니다

진정한 사랑은 나는 없고
다만 주님으로 충만합니다

할아버지 하나님

우리 하나님은
할아버지가 아니라 아버지입니다

하나님에게는 자녀만 있을 뿐
손자손녀는 없습니다

우리 하나님은
그를 믿는 모든 이들의 아버지입니다

당신은 진정
하나님의 자녀로 살고 있습니까

혹 생각이나 신학을
또는 목회자를 아버지로 여기며

하나님의 손자손녀로
당신은 살고 있지 않습니까

새날

어제의 상처로 울고 있는 그대여
울지 마오, 그대는 어제의 당신이 아니랍니다
상처 입은 어제의 당신은 오늘의 당신과는
아무 상관 없는 허깨비에 불과하니까요

예수를 믿는 복음의 사람 그대는
날마다 새생명으로 거듭나는 새사람입니다
어제의 당신의 죄가 주홍같이 붉을지라도
오늘의 당신은 갓난아이보다 순전합니다

어제의 아픔에 울고 있는 그대여
울지 마오, 이전 것은 지나가고 새날입니다
지난날의 아픔은 지난날과 함께 사라졌나니
보라, 그대는 그리스도 안에서 새 것입니다

목사와 목샤

나는
목사(牧師)가 되기보다는
목샤가 되고 싶습니다

나는
생각에 얽매이기보다는
진실로 자유하고 싶습니다

나는
가르치는 선생이 되기보다는
오직 모름이 되고 싶습니다

나는
목사(牧師)가 되기보다는
목샤가 되고 싶습니다

목샤(moksha)는
산스크리트어로 자유 또는
깨달음입니다

식당에서

우리에게 생명의 말씀이 있습니다
우리에게 영광의 교회가 있습니다
우리에게 거룩한 성례가 있습니다
우리에게 전통의 신조가 있습니다
우리에게 올바른 교리가 있습니다

그러나 이 모든 것은 메뉴판입니다
벽에 걸린 여러 글씨에 불과합니다
온종일 식당에 앉아 메뉴판을 본들
결코 배부르지 않는 법과 같습니다
진리는 삶으로 맛봐야 진리입니다

기다림의 신앙

우리의 신앙은
항상 무언가를 기다리는 게 습관이 되었다
그로 인해 기다리는 만큼
우리의 신앙은 헛되게 낭비되었다

우리는 주님의 손길을 기다려왔고
우리는 하나님의 은혜 받을 때를 기다려왔고
우리는 기도의 응답을 기다려왔고
우리는 믿음의 성장을 기다려왔다

그러나 확신의 기다림이든
의심의 기다림이든 우리는 모든 기다림 속에
바로 지금 바로 여기의 은혜와 능력을
덧없이 낭비할 뿐이었다

알고 보면, 기다림의 신앙은
생명의 하나님께서 생명 된 우리에게
언제나 지금 여기 펼쳐놓으신 생명의 삶을
애써 외면하는
참으로 어리석은 죽은 신앙이 아닌가

그대가 복된 인생을 살기 원한다면
영원히 다가오지 않는 내일을
영원히 존재하지 않는 미래를 기다리지 말고
지금 이 순간의 삶을 만끽하라

생명의 밥상

하나님이여, 이제 나는
당신께 무엇 하나 바랄 게 없습니다

지금껏 나는
당신의 사랑의 손길로 정성껏 차려놓은
지금 이곳이라는 밥상을
때론 철없는 아이처럼 반찬투정을 부리며
때론 술주정뱅이처럼 밥상을 뒤엎고
지금의 현실을 외면하며
헛되이 살았습니다

하나님이여, 이제 나는
당신께 무엇 하나 원하는 바 없습니다

지금의 내 모습 어떠하든
흠과 티가 많은 지금 이대로의 모습이
당신의 온전한 생명인 것과
지금 이곳의 문제 많은 현실 그대로가
당신이 사랑으로 펼쳐놓은
부족할 것 없는 생명의 밥상인 것을
이제 깨달았기 때문입니다

하나님이여, 이제 나는
당신께 무엇 하나 구할 것 없습니다

누가 사랑하는가

주님을
누가 사랑하는가

아직
내가 사랑하고 있다면

아직 나는
주님 밖에 있다는 것

아직 나는
사랑 밖에 있다는 것

사랑의 주체는
내가 아니라 사랑

사랑은 너도 없고
나도 없는 것

풀과 꿈

이 세상의 삶은
잠깐 피었다 지는 풀꽃과 같고
어느 것 하나 붙들 수 없는
꿈이 아니던가

별꽃이든 할미꽃이든
잠깐 피었다 지는 건 마찬가지요
좋은 꿈이든 나쁜 꿈이든
깨고 나면 헛된 꿈이 아니던가

그대는 세상을
있는 그대로 풀꽃으로 바라보고
그대의 삶을 꿈처럼 가벼이 살며
매순간 자유하라

그리하면
지혜로운 믿음의 사람 그대는

성공의 풀꽃에 자만치 않고
실패의 풀꽃에 낙담치 않으며
잘난 꿈에 매이지 않고
못난 꿈에 불안치 않으리

나의 생명이신 하나님

하나님은 언제나
당신의 호흡보다 더 가까이 계십니다

당신이 당신을 찾아
어디론가 떠날 까닭이 없는 것처럼요

당신의 호흡은
때론 작은 노력이 요구되기도 합니다

그러나 하나님은
당신의 생명으로 항상 호흡하십니다

거울 사랑

우리를 향한 하나님의 사랑은 거울을 닮아 있다
하나님께서는 예수 그리스도의 십자가 은혜 안에서
우리의 모습을 있는 그대로 거울처럼 용납하시며
있는 그대로 거울처럼 받아주시는 사랑이 아니던가

진정한 사랑은 나의 생각과 나의 잣대를 내려놓고
그 사람을 있는 그대로 바라보고 받아들임에 있다
마치 거울이 세상을 있는 그대로 비추는 것처럼
시비 분별 없이 받아주는 사랑이 최고의 사랑이다

거울은 모든 대상을 다만 있는 그대로 비출 뿐이다
거기에는 어떤 집착도 어떤 미움도 머무른 바 없다
우리가 서로를 있는 그대로 가만 바라볼 수 있다면
우리는 지금보다 더욱 참사랑으로 자유할 것이다

한사랑

이제 나는 당신이 그립지 않습니다
이제 나는 당신의 얼굴을 잊었습니다
이제 나는 당신의 이름을 모릅니다
이제 나는 당신에게서 자유합니다

당신과 나는 둘이 아니기 때문입니다

절대 기쁨

내가 예수를 생각하고
내가 성경을 밤낮 읽고
내가 형제를 사랑하면
잠시 기뻐할 수 있으나
낙심을 벗어날 수 없다

예수를 생각하는 나를
성경을 밤낮 읽는 나를
형제를 사랑하는 나를
진정 부인하는 자만이
낙심 없는 기쁨이 된다

기도 없는 기도

성령 충만한 삶을 사는 길은
우리 자신이 누구인지를 깨닫는 일이다
그리스도의 복음으로
어떤 존재가 되었는지를 아는 일이다

우리가 진실로
성령 충만한 삶을 살아내길 원한다면
우리는 아무것도 할 필요가 없다
어디에도 갈 필요가 없다

지금 당장
성령 충만한 삶을 갈구하는 그 마음만
그 생각만 그 바람만
즉시 멈추면 된다

멈추면,
자신이 누구인지 빛 가운데 드러난다
지금 이대로의 못난 자신이
흠도 티도 없는
예수 생명이란 걸 알게 된다

참으로
자신이 누구인 줄 아는 일이
모든 바람을 멈추고 내려놓는 일이
기도 없는 기도의 삶,
곧 성령 충만한 삶을 사는 길이다

나약한 우상

하나님은
우리의 눈과 귀와 손에 의해
결코
붙잡힌 바 되지 않는 분이다

하나님은
참 하나님이신 까닭에
우리 눈으로 볼 수 없고
우리 귀로 들을 수 없고
우리 손으로
붙잡을 수 없는 분이다

만약 하나님이
볼 수 있는 모양과
들을 수 있는 소리로 규정되고
인간의 이성으로 확정되는
하나님이라면

그는 분명
참 하나님이 아니라
한낱 우리 욕망에 조종당하는

나약한 우상이 아니면
무엇이겠는가

두 날개의 믿음

하나님을 믿는다는 것은
예수 마음 된 나를 믿는다는 것이며
하나님을 믿는다는 것은
예수 생명 된 나를 믿는다는 것이다

하나님을 믿는다는 것은
그가 나에게 십자가로 이루신 구원의 일,
나의 마음과 나의 생명이
예수 마음과 예수 생명 되게 하신
십자가의 복음을
굳게 믿는 일이기 때문이다

새가 두 날개로 날 듯
우리의 믿음은 하나님과 나의 관계가
균형 있게 펼쳐질 때
산을 옮기는 능력의 믿음이 된다

산다는 것

믿음으로 산다는 것은
예수 생명으로 산다는 것

예수 생명으로 산다는 것은
사랑으로 산다는 것

사랑으로 산다는 것은
있는 그대로 받아들이며 산다는 것

받아들이며 산다는 것은
분별없이 바다처럼 산다는 것

믿음으로 산다는 것은
예수 생명으로 산다는 것

황금 감옥

당신의 행복을 위해
필요한 것은 아무것도 없습니다

누군가 또는 무엇을
당신의 행복이라고 추구한다면

누군가 또는 무엇은
당신을 불행케 하는 족쇄입니다

당신의 행복을 위해
필요한 것은 아무것도 없습니다

당신의 참된 행복은
당신 존재 안에 이미 충만합니다

당신이 찾는 행복이
진실로 당신 존재가 되기까지는

당신이 찾는 행복은
당신을 가두는 황금 감옥입니다

보물찾기

아무것도 구하지 않는 게
모든 것을 얻은 것이요

아무것도 찾지 않는 게
모든 것을 찾은 것이요

구하고 찾는 걸 멈출 때
비로소 보게 될 것이다

구하고 찾는 바로 자신이
가장 빛나는 보물인 것을

영원한 나

예수와 함께 십자가에서 죽은
죄인의 나는 이제 내가 아닙니다

예수와 함께 십자가에서 죽은
옛사람의 나는 이제 내가 아닙니다

예수와 함께 십자가에서 죽은
겉사람의 나는 이제 내가 아닙니다

예수와 함께 십자가에서 죽은
개체의 나는 이제 내가 아닙니다

이제 나는 예수와 함께 부활한
예수 생명이 영원한 나입니다

제 2 부

답 없는 믿음

믿음에는 정답이 따로 없습니다
예수 안에 있는 성도의 믿음마다
있는 그대로가 모두 정답입니다

모든 믿음에는 하나님의 은혜가
언제나 늘 넘쳐나기 때문입니다

자신을 사랑하라

하나님은 우리에게 이웃을 사랑하되
네 자신같이 사랑하라 하셨다
참으로 옳은 말씀이로다
자기 자신도 사랑하지 못한 사람이
어찌 이웃을 사랑할 수 있겠는가

하나님의 사랑은 있는 그대로를
있는 그대로 받아주는 사랑 아니던가
자신의 모습 어떠하든 있는 그대로
기꺼이 받아주고 받아주라 그리하면
이웃의 모습 어떠하든 있는 그대로
즐거이 받아주고 받아줄 것이다

하나님의 사랑이 참사랑인 까닭은
그대의 모습 어떠하든 십자가 은혜로
매순간 받아주기 때문이 아니던가
그러므로 그대여, 맘껏 사랑하되
누구보다 먼저 자신을 사랑하라

말

믿음은
들음에서 시작되고

믿음의 성숙은
말의 성숙에 있고

믿음의 완성은
말로부터의 자유다

사랑은

사랑은 행위가 아니라 존재입니다

사랑은 내가 너를 향한 행위가 아니라
예수 생명으로 존재하는 것입니다

둘이 아닌 예수의 하나의 생명으로
늘 기쁘게 존재하는 것입니다

사랑은 예수를 믿는 모든 성도 속에
한 생명이 있음을 아는 것입니다

사랑은 예수 생명의 깨우침입니다

온전한 믿음

온전한 믿음은
무언가를 배워서 얻는 것도 아니요
무언가를 고치고 더 완전해져서
장차 먼 미래에
이루는 것도 아니다

우리 스스로 생각해봐도
모자라는 것 같은 지금 그대로의 자신과
부족한 것 같은 지금 그대로의 삶이
알고 보면 모자람도 없고
부족함도 없는 온전한 믿음인 것이다

우리의 믿음이
비록 겨자씨만 한 작은 믿음일지라도
나로부터가 아닌
온전하신 하나님께로 나온 믿음이기에
우리의 믿음은 늘 온전하다

최고의 상급

우리가 진실로 하나님을 사랑한다는 것은
지금 나의 모습 그대로를 사랑하는 일이며
지금 내게 있는 이대로를 사랑하는 일이다

지금 나의 모습과 지금 내게 있는 것들은
모두 하나님이 내게 주신 최고의 상급이다

그리스도인의 사랑

그리스도인의 사랑은 억지 사랑이 아니다
진정 자신이 누구인지를 바르게 깨달을 때
절로 맺는 열매가 그리스도인의 사랑이다

그리스도인으로 살아가는 우리 모두가
예수 그리스도를 믿는 믿음 안에서 한 생명이요
한 몸의 지체 됨을 진실로 깨달아 고백한다면
우리의 모든 입술과 몸짓은
누가 뭐라 해도 십자가의 사랑이 될 것이다

우리는 범사에 그리스도인으로서
나의 나 됨이 예수 한 생명에 있음을 기뻐하자
그리하면 굳이 사랑하려 애쓰지 않아도
우리의 삶은 저절로 사랑의 발현이 될 것이다

바른 믿음

바른 믿음은
거짓된 나를 아는 일이다

보여지고 만져지는,
그래서 썩어지고 사라지는
허망한 이 몸과 이 마음이
내가 아님을 아는 것이
바른 믿음이다

바른 믿음은
내가 누구인가를 아는 일이다

예수와 함께 죽고
예수와 함께 다시 살아난 새생명,
다시는 죽음이 없는 예수 생명이
진실로 나인 것을 아는 것이
바른 믿음이다

진리의 말씀

예수를 믿는 우리가 성경을 알아간다는 것은
우리와 전혀 상관없는, 그래서 알지 못하는 진리를
성경을 통해 조금씩 배워간다는 뜻이 아니다

예수를 믿는 우리는 진리와 동떨어진 자가 아니라
이미 복음의 말씀으로 진리 되신 예수 생명이 되어
날마다 매순간 진리 안에 거하는 자가 되었다

진리에 속한 우리가 성경을 알아간다는 것은
진리 밖이 아니라 예수 안에서 진리를 가진 자로서
나의 진리 됨을 성경으로 확인하는 일이라 하겠다

하나님 나라

하나님이 나와 상관 없는 분이라면
어찌 하나님이 나의 하나님이 되겠으며

하나님 나라가 나와 상관 없는 나라라면
어찌 그 나라가 나의 나라가 되겠는가

하나님은 누구도 아닌 나의 하나님이요
하나님 나라는 누구도 아닌 나의 나라다

눈이 있는 자는 보이지 않는 것을 보고
입이 있는 자는 큰소리로 외칠지어다

하나님의 모든 영광은 나의 영광이요
하나님 나라의 모든 평화는 나의 평화로다

핸드폰 묵상

어떤 이가 핸드폰을 구입한 후
새 핸드폰을 사용할 생각은 하지 않고
제품 설명서만 부지런히 읽는다면
하루가 가고 한 달이 가고 일 년이 가도
오로지 제품 설명서만 붙들고 있다면
그를 누가 지혜롭다 하겠는가

어떤 이가 예수를 믿은 후
거듭난 예수 생명의 삶은 살려 하지 않고
신구약 성경책만 열심히 읽는다면
하루가 가고 일 년이 가고 십 년이 가도
오로지 성경책만 줄줄 외우고 있다면
그를 누가 어리석지 않다 말하겠는가

제품 설명서는 구입한 이가
효율성 있게 제품을 쓰도록 돕는 것처럼
성경은 예수를 구주로 믿는 이가
그리스도를 본받아 예수 생명의 삶을
풍성히 살도록 진리로 안내하는
제품 설명서와 같은 것이다

지혜로운 자는 들을지어다
어느 때나 예수를 핍박하며 죽인 자는
누구보다 성경을 많이 아는 이들이었음을,
그러므로 예수 생명 된 그대는
성경을 많이 읽고 많이 배우려 하기보다
힘써 진리의 말씀이 되라

믿음의 사람

믿음의 일은
무언가 바라고 무언가 성취하여
바벨탑처럼 높이
높이 쌓아올리는 일이 아니다

진정 믿음의 일은
무언가를 바라는 욕망의 나와
끝없이 성취하려는 헛된 생각을
전부 내려놓는 일이다

믿음의 길은
이제 예수 생명이 나란 걸 알아
수고하고 무거운 짐 내려놓고
주님과 함께
기쁨과 평안으로 걷는 길이다

진정 믿음의 일은
날로 낡아지는 겉사람이 아니라
날로 새로워지는 속사람이
영원한 부활의 생명으로
지금 당장 천국을 사는 일이다

앵무새

그대는 앵무새가 되지 말고
그대가 예수의 말씀이 되라

예수 말씀을 흉내내지 말고
그대는 예수의 생명을 살라

유유상종

걱정하는 사람 곁에는 걱정하는 사람이 있고
불평하는 사람 곁에는 불평하는 사람이 있다

기뻐하는 사람 곁에는 기뻐하는 사람이 있고
감사하는 사람 곁에는 감사하는 사람이 있다

만약 당신 곁에 걱정하는 사람이 있다면
그 사람 곁에는 걱정하는 당신이 있을 것이다

만약 당신 곁에 감사하는 사람이 있다면
그 사람 곁에는 감사하는 당신이 있을 것이다

믿음의 대상

나의 하나님은
믿음의 대상이 아니다

믿음의 대상을 넘어
나의 생명이다

끝내 하나님이
믿음의 대상이라면

하나님과 나는
영영 한 생명이 아니다

빈털터리 하나님

엎드려 경배합니다
하늘 보좌를 버리고 낮고 낮은 나를 찾아오신 하나님,
끝내 나를 무릎 꿇게 하시고 엎드려 다만
내 안에 계신 하나님을 경배케 하신
그 사랑을 찬양합니다

높은 곳 먼 곳 부요한 곳을 찾아
산천을 헤매던 나에게
삶과 신앙의 의미를 찾아
질문을 멈출 줄 모르던 나에게
어느 추운 겨울날
문득
쌀 한 톨 없이 바닥난
당신의 텅 빈 곳간을 보여주심으로
지금 여기 아무 의미 없는 침묵의 자리로 나를 이끄신
진리의 하나님을 엎드려 경배합니다

말과 생각으로 촘촘히 쳐놓은 거미줄에서 벗어나
바로 지금 바로 여기 생명의 날개로
영원한 지금을 살게 하신 빈털터리 하나님께
예수 그리스도 나의 전부를 드려

나의 자유를 바쳐
나의 임마누엘께 엎드려 경배합니다

믿음과 믿음생활

믿음이란
이미 자신이 그리스도 안에서
완전하여 조금도 부족함 없는
예수 생명이 되었음을
참되게 아는 일이고

믿음생활이란
이미 예수 생명의 삶을
은혜 가운데 온전히 살고 있으면서도
늘 무언가 모자라고 부족하다는
그 어리석은 생각의 나를
매순간 십자가에 못 박는 여정이다

헌신의 삶

하나님이 받으시는 예배는
자기를 내려놓는 헌신이며

하나님이 들으시는 기도는
자기 십자가 지는 헌신이며

하나님이 기뻐하는 찬양은
자기를 부인하는 헌신이다

내가 죽어지는 헌신의 삶은
오직 하나님으로 충만하다

나는 사랑입니다

예수를 믿는 나는 사랑입니다
하나님이 사랑이듯이 그분의 자녀인 나는 사랑입니다

성부 하나님과 성자 하나님이
한 성령으로 영원한 사귐 가운데 사랑으로 존재하듯이

주님이 내 안에 내가 주님 안에
한 성령으로 영원한 사귐 가운데 사랑으로 존재합니다

세상을 지으신 사랑의 하나님이
독생자를 아낌없이 내어주심으로 당신을 나타내듯이

예수를 믿는 사랑의 나는
날마다 매순간 빛으로 소금으로 나로 살고 있습니다

예수를 믿는 나는 사랑입니다
하나님이 사랑이듯이 그분의 자녀인 나는 사랑입니다

문제 해결 비법

내가 십자가에 죽고 사라지면
모든 문제는 사라진다

내가 죽고 예수로 사는 삶은
지금 이대로가 답이다

성지순례를 떠나는 그대에게

하나님을 만나 뵈러
이스라엘로 성지순례를 떠나는 그대여
큰 기대를 안고 떠나더라도
이것만은 잊지 마오

그곳에 가면
옛적 이스라엘 백성과 함께 했던
문자 속 과거의 하나님은 만날지라도
살아계신 지금의 하나님은
만날 수 없습니다

홍해와 요단강
갈릴리 바닷가를 둘러보아도
금빛으로 찬란한 시온산에 올라가도
그곳에선 살아계신 지금의 하나님은
뵈올 수 없습니다

하나님을 만나 뵈러
이스라엘로 성지순례를 떠나는 그대여
큰 기대를 안고 떠나더라도
이것만은 잊지 마오

살아계신 지금의 하나님은
저 예루살렘 성전이나 저 갈보리 언덕에
계시지 않고 언제나 그대의 호흡마다
그대의 발걸음마다 그대 생명으로
함께한다는 걸 잊지 마오

제3부

기쁨의 묘약

슬픔에 우는 자여
기쁨의 삶을 살려거든

자신과 모든 이들을
용서하고 또 용서하라

인생을 춤추게 하는
기쁨의 묘약은 용서다

하나님의 음성을 듣는 법

참새 한 마리도
하나님의 허락 없이 떨어지지 않을진대
나와 세상에 일어나는 모든 현상은
하나님과 맞닿아 있다

지금의 내 몸과 현실은
천하보다 귀한 나를 향한 하늘의 소리로
거룩하고도
복된 하나님의 말씀이다

신비한 체험이나
꿈을 통해 하나님의 음성을 듣기보다는
지금의 내 몸과 현실을
있는 그대로 바라볼 수 있다면
나를 향한 하나님의 음성을
분명 들을 수 있을 것이다

칭의와 성화

생명의 하나님과 우리를 단절시킨
분별의 죄로부터 구원을 받는 칭의는
예수를 믿음으로 단번에 이루어진다

하지만 하나님과 분리되었다는 착각,
그 분리감으로부터 벗어나는 성화는
일생 다해 죽어야 사는 영적 전투다

십자가

주님이 지신 십자가는
힘들고 험한 십자가였다면

우리가 지는 십자가는
쉽고도 기쁜 십자가입니다

주님이 우리 죄를 위해
고통 중에 십자가를 졌다면

우리가 지는 십자가는
믿음으로 지는 일입니다

주님이 지신 십자가에
즐거이 동참하는 일입니다

믿음이 전부다

예수를 믿는 그대는
이미 온유하고 겸손하다
예수를 믿는 그대가
예수 마음이기 때문이다

예수를 믿는 그대는
이미 기쁨이고 사랑이다
예수를 믿는 그대가
예수 생명이기 때문이다

그대는 오직 믿으라
생각에 미혹되지 말고
그대가 예수 마음이며
예수 생명인 걸 믿으라

좋은 성도

목회자에게
가장 좋은 성도는 어떤 성도일까

한 달이 멀다 하고 밥을 사주고
계절 따라 옷을 사주는 성도일까

아니면, 예배마다 성실하게 참예하고
교회를 충성되이 봉사하는 성도일까

목회자에게
가장 좋은 성도는 어떤 성도일까

때론 목회자의 마음을 서운케 하고
때론 가시처럼 아프게 하는 성도라 해도

그가 몸과 마음이 건강한 성도라면
목회자에게 가장 좋은 성도라는 걸

병상에 누운 성도를 심방하고
돌아오는 길, 눈물로 알게 되었다

시골 교회 우리 목사님
벌교척령교회 창립 백주년기념에 부쳐

팔순이 넘은 꼬부랑 엄마 권사는
요즘 시골 교회 목사님 자랑하느라 바쁘다
다 늘그막에 요런 복이 나한테 있다냐
징말이지 좋아죽것서야 침이 마를 새 없다
늘 그렇듯 꼬부랑 얘기를 듣다 보면
팔순 할매는 사라지고 딸기향 나는 소녀가
내 앞에 조잘조잘 수줍게 앉아 있다

어느 하루, 어디가 그리 좋은가 물었더니
어릴 적 엄마를 보는 듯 마음 따듯해진다고
또 어쩌다 목사님 손이라도 잡을라치면
엄마 손 잡은 듯 온몸 포근해진다고 했다
스무 살이나 어린 육십 중반의 사내를 보고
엄마 같다는 할매의 말을 듣고 있자니
웃음 대신 시골 목사님이 마냥 부러워졌다

머리가 백발이 되어도 철없는 나에게
너도 우리 목사님 꼭 닮아야쓴디 닮아야쓴디
그래서 우리 목사님처럼 훌륭한 종이 되야쓴디
팔순이 넘은 꼬부랑 엄마는 기도하듯 읊조렸다

그때 나는 나도 그래야지 그래야지 다짐했다
하지만 나는 백년이 가도 또 백년이 와도
척령교회 정 목사님을 흉내 낼 수 없으리라

지혜의 신앙

믿음이 있으면 평안치만
믿음을 붙들면 불안하다

소망이 있으면 설레지만
소망을 붙들면 근심된다

사랑이 있으면 기쁘지만
사랑을 붙들면 괴로웁다

아무리 좋은 것도 붙들면
우상이 되어 불행케 한다

나비넥타이

나비넥타이를 맨 소년이
나비에게 말했어요
"꽃도 아닌 내게 내려앉는 걸 보니
너 바보구나!"

나비가
나비넥타이를 맨 소년에게 말했어요
"자기가 꽃인 줄도 모르는
네가 진짜 바보지!"

내 탓

스스로 자(自)
말미암을 유(由)

무엇이든
남 탓하지 마라

모든 일은
나로 말미암았으니

남 탓하는 한
자유는 없다

생각돌

생각을 집착해 붙들면
생각은 걸림돌이 되고

생각을 붙들지 않으면
생각은 디딤돌이 된다

혹

당신은 생각돌에 걸려
넘어져 있지 아니한가

참된 행복

그대의 행복과 불행은 그대 생각의 소산이다
생각이 만든 행복은 가면 쓴 불행이 아니던가

허깨비 생각으로부터 자유하는 게 행복이다
행복을 붙잡는 자는 불행에 붙잡힌 자 아니던가

행복은 그대의 생각 이전 자리에 항상 있다
불행 중에도 바탕으로 있는 게 행복 아니던가

토끼뿔

하나님이 한 분이듯이
구주 예수님도 한 분이듯이
성령님도 한 분이듯이

우리의 몸이 하나이듯이
우리의 믿음도 하나이듯이
우리의 세례도 하나이듯이

예수 생명에는 너나가 없다
토끼뿔이란 말은 있어도
토끼뿔이 실재하지 않듯이

위대한 계략

그리스도인을 향한
사단의 가장 위대한 계략은 분리감이다

우리와 하나님이
따로 떨어져 있다는 거짓된 분리감은
예나 지금이나
많은 그리스도인이 쉽게 미혹당하는
사단의 계략이다

그 결과
늘 지금 여기 우리와 함께하는
하나님의 은혜와 평강을 누리기보다는
하나님과 따로 떨어져 있는 내가
나로부터 먼 데 있는 하나님을 사랑하려는
헛된 수고로
믿음의 세월을 허비하고 있는 것이다

예수를 믿는 자는
누구나 하나님과 떨어진 적은 없다
하나님 밖에 따로 나는 없다
내가 있다면

오직 하나님 안에 내가 있을 뿐이다

그리스도인의 영적 싸움은
거짓된 분리감을 날마다 죽이는 일이다

없다

믿음에는
믿음 이상의 목표는 없다

인생에는
인생 이상의 의미는 없다

사랑에는
사랑 이상의 가치는 없다

생명에는
생명 이상의 목적은 없다

주님이
다 이루었기 때문이다

렛잇비

행여 당신에게
약점이 있다고 생각되거든
당신의 약점을 고치려 말고
가만 내버려 두어라
그리하면 사라질 것이다

그럼에도 당신이
당신의 약점을 고치려 한다면
약점은 더욱 강화될 것이다
왜냐면 고치려는 그 생각이
당신의 약점이기 때문이다

성숙한 마음

어린애 마음은
형제를 비난하기 좋아하고요

사춘기 마음은
자신을 비난하기 좋아하지요

성숙한 마음은
누구 하나 비난하지 않고요

자신도 형제도
누구도 비난하지 않지요

진리 공부

세상 공부는 알면 알수록
배우면 배울수록 좋은 공부다

하지만 진리 공부는
모르면 모를수록 좋은 공부다

안다 모른다를 벗어난
분별없는 사랑이 진리 공부다

거짓된 믿음

생각이 나라고 하는
거짓된 믿음이 나를 외롭게 하고

감정이 나라고 하는
거짓된 믿음이 나를 불안케 하고

느낌이 나라고 하는
거짓된 믿음이 나를 절망케 한다

거짓된 믿음이 나를
사망의 골짜기로 끌고 다닌다

우상

우리가 붙잡는 것은
무엇이든 우상이 된다

자식이든 물질이든
무엇이든 우상이 된다

하나님이 진실로
우상이 아니 되는 까닭은

우리 욕망의 손에
붙잡히지 않기 때문이다

회개

내가 할 수 있는 회개는
진정한 회개가 아니다
회개하는 내가
아직 살아 있기 때문이다

진정한 회개는
내가 영영 죽는 것이다
회개하는 내가 진짜 없음을
아는 게 참된 회개다

제4부

예수의 사람

안식일에서 주일로
율법에서 은혜로 해방된 자는

한 날에서 모든 날로
행위에서 믿음으로 해방된 자는

세상이 감당치 못하는
죄가 결박치 못하는 자유자다

생명

새끼손가락이 아프면
나의 온몸이 아파합니다

참사랑은 나뉠 수 없는
한 생명에 속한 일입니다

영의 사람

눈은 보이지 않는 것을 보고

귀는 들리지 않는 것을 듣고

코는 맡을 수 없는 것을 맡고

입은 말할 수 없는 것을 말하고

손은 잡을 수 없는 것을 잡고

발은 갈 수 없는 곳을 가고

마음은 생각 이전에 머물고

맘배낭

우리네 인생길
소풍처럼 즐거이 가려면
움켜쥔 것들 내려놓고
맘배낭 가벼워야 한다

내 집 내 자식
내 통장에 집착치 않고
걱정 두려움 불안 같은
허깨비 감정들
움켜 매지 않아야 한다

우리네 인생길
소풍처럼 즐거이 가려면
기쁨도 행복도 내려놓고
맘배낭 가벼워야 한다

제물

하나님을 믿는다는 것은
자신의 생각을 믿지 않는다는 것

자신의 생각을 믿지 않는다는 것은
진리 앞에 깨어 순종한다는 것

하나님이 기뻐 받으시는 제물은
나의 모든 생각을 바치는 것

영광의 그리스도인

우리 그리스도인은
예수의 생명을 가져야 하는 존재가 아니라
이미 예수의 생명을 가진 존재다

우리 그리스도인은
주님의 마음을 품어야 하는 존재가 아니라
이미 주님의 마음을 품은 존재다

우리 그리스도인은
그리스도의 몸이 되어야 하는 존재가 아니라
이미 그리스도의 몸인 존재다

우리 그리스도인은
무엇을 채워야 하는 수고의 존재가 아니라
이미 부족함 없는 은혜의 존재다

한 사람

세상을 온통 빨강으로 색칠하는 길은
내가 빨강 선글라스를 쓰면 되는 것처럼

한 사람 나 자신이 예수의 생명이 되면
이 땅의 모든 지체들이 부족함 없게 된다

독생자 예수께서 십자가의 죽으심으로
그를 믿는 모든 자들이 의인이 된 것처럼

누가 십자가를 지려 하는가

우리가 하나님 앞에서
자기를 부인하려는 자는 누구인가

자기를 부인하려는 자가 있는 한
우리는 진정 자기를 부인할 수 없다

우리가 하나님 앞에서
자기 십자가를 지려는 자는 누구인가

자기 십자가를 지려는 자가 있는 한
우리는 진정 자기 십자가를 질 수 없다

예수를 믿는 복음 안에서
그대의 옛사람은 죽고 없음을 안다면

예수의 생명 된 그대에게
다시 져야 할 십자가는 없음을 알리라

용납하라

그리스도인의 제1의 목표는
있는 그대로 받아들임이 되어야 한다

지금의 현실
지금의 모습 그대로를 받아들일 때
그때 비로소
자신과 형제를 사랑할 수 있기 때문이다

하나님은 지금 이 순간에도
당신의 모습 그대로 용납하고 계신다

사랑하며 살아야 하는 이유

구원의 믿음이 180도,
땅의 반대편 하늘을 발견하는 것이라면

믿음의 여정은 360도,
눈을 돌려 제자리로 돌아오는 것이다

지금의 삶, 곧 0도로
다시 돌아온 사람의 믿음은 사랑이다

복습

그리스도인의 삶은
예습이 아니라 복습이다

하나님의 은혜로
어제 알게 된 십자가 사랑을

아침에도 다시 한낮에도 다시
그 사랑을 알아가고

저녁에도 다시 꿈에도 다시
내일에도 다시 알아가고

그리스도인의 삶은
언제나 첫마음으로 복습이다

깨어 있으라

깨어 있으라
예수 마음으로 깨어 있으라

나의 마음
너의 마음 따로 없는
미움과 다툼이 가를 수 없는
오직 예수 마음으로
깨어 있으라

깨어 있으라
예수 생명으로 깨어 있으라

나의 생명
너의 생명 따로 없는
죄와 사망이 나눌 수 없는
오직 예수 생명으로
깨어 있으라

괄호 신앙

오직 예수라고 말하면서
예수 안에 자기 자신은 넣지 않고

오직 은혜라고 말하면서
은혜 안에 지금 여기는 넣지 않는

참으로 모순된 신앙을
어리석은 신앙을 당신은 가졌는가

오직 예수 오직 은혜에는
언제나 자신과 지금이 들어 있다

좁은 문

우리는 지금 이 순간을 살아가면서
그림자 같은 과거나 그림 같은 미래 속에
생각이 만들어내는 시간 속에 살아간다
그 결과 우리의 삶은 기쁨을 잃었다

기쁨 없이 살아가는 우리의 삶을
생명으로 인도하는 문은 좁은 문이다
과거와 미래의 넓은 시간의 문이 아니라
바로 지금 여기가 생명의 문이다

당신은 누구인가

종교인이
자기의 의를 쌓는 자라면
신앙인은
자기의 의를 허무는 자다

종교인이
자기 생각을 붙드는 자라면
신앙인은
자기 생각을 부인하는 자다

종교인이
겉사람을 나로 여기는 자라면
신앙인은
속사람을 나로 여기는 자다

종교인이
어제와 내일을 사는 자라면
신앙인은
지금 이 순간을 사는 자다

누림의 축복

신앙은 지키는 것이 아니라 누리는 것이다
하나님의 말씀을 율법적으로 지키는 게 아니라
하나님의 자녀 된 자에게 허락된 풍성한 복을
하루하루 삶 가운데 누리며 사는 것이다

신앙은 예컨대 거짓말을 하지 말라는 계명과
남의 것을 탐내거나 도둑질하지 말라는 율법을
두렵고 떨림을 가지고 순종하고 지켜내므로
하나님의 자녀 된 것을 확인하는 자리가 아니다

신앙은 사람들과 더는 경쟁하지 않아도 되는 자리,
남의 것을 더는 탐하지 않아도 되는 넉넉한 자리,
만유의 주인 되신 창조주 하나님을 아버지로 섬기는
그분의 자녀 된 자리를 부요하게 누리는 것이다

응답의 기도

당신의 기도에
하나님의 응답이 있기를 바란다면

당신의 욕망을
예수의 이름을 핑계 삼아 구하지 말고

당신의 생명이 부족함 없는
예수 생명 된 것을 기뻐하고 감사하라

그리하면 당신의 모든 삶은
부족함 없는 하나님의 응답이 되리라

당신의 기도는 욕망의 기도인가
예수 생명의 기도인가

새사람의 기도

새사람의 기도는
모든 걸 멈추는 일입니다

애써 가는 길을 멈추고
무릎을 꿇고

힘껏 잡는 것을 멈추고
두 손을 모으고

줄곧 찾는 일을 멈추고
두 눈을 감고

새사람의 기도는
온전히 항복하는 일입니다

사랑은 능력입니다

사랑은 능력입니다
사랑은 이 땅의 모든 믿는 자들을
한 몸의 생명으로 보게 하는
십자가의 능력입니다

이 땅의 모든 믿는 자들을
진정 한 몸의 지체로 보는 자만이
일흔 번씩 일곱 번 용서하는
참사랑을 체험합니다

질그릇의 은혜

나는 작은 질그릇 주님은 광활한 바다
내 속이 텅 빌 때도 주님 사랑 넘치네
금 가고 조각나도 주님 임재 가득해
내가 작아질수록 은혜 더 깊어가네

비바람 몰아쳐도 흔들려도 주님은
내 연약함 감싸시며 금 가는 곳 메우네
내가 어두워질 때 주의 빛이 비치고
상처 난 틈 사이로 은혜가 흘러넘쳐

깨어지면 깨질수록 빛나네 주의 은혜
텅 비워도 비울수록 가득해 주의 사랑
나를 다 드릴 때 비로소 알게 되네
내 질그릇은 은혜로 완전하리라

예수 마음의 노래

나의 마음 예수 마음 예수 마음 나의 마음
나의 생명 예수 생명 예수 생명 나의 생명

이제 나는 없습니다 이제 나는 없습니다
오직 나는 예수 마음 오직 나는 예수 생명

이제 내가 사는 것은 예수 안에 마음이라
이제 내가 사는 것은 예수 안에 생명이라

이제 나는 있습니다 이제 나는 있습니다
오직 나는 예수 마음 오직 나는 예수 생명

이제 나는 없습니다

1판 1쇄 인쇄 _ 2025년 11월 5일
1판 1쇄 발행 _ 2025년 11월 15일

지은이 _ 김용삼
펴낸이 _ 이형규
펴낸곳 _ 쿰란출판사

주소 _ 서울특별시 종로구 이화장길 6
편집부 _ 745-1007, 745-1301~2, 743-1300
영업부 _ 747-1004, FAX 745-8490
본사평생전화번호 _ 0502-756-1004
홈페이지 _ http://www.qumran.co.kr
E-mail _ qrbooks@daum.net / qrbooks@gmail.com
한글인터넷주소 _ 쿰란, 쿰란출판사
페이스북 _ www.facebook.com/qumranpeople
인스타그램 _ www.instagram.com/qrbooks
등록 _ 제1-670호(1988.2.27)
책임교열 _ 김유미 · 최은샘

© 김용삼 2025 ISBN 979-11-24013-32-8 03230

책값은 뒤표지에 있습니다.
이 출판물은 저작권법에 의해 보호를 받는 저작물이므로 무단 복제할 수 없습니다.
파본(破本)은 구입처에서 교환해 드립니다.